Paris
entre
Chats

Paris
entre
Chats

Préface de Bernard Groslier

À Truffe, Gibus, Bébert, Valentin, Figaro,
Touyou, Finette, Minouche
et à tous les chats, chattes, matous, gouttières
et autres greffiers de Paris et d'ailleurs

...

Recherche et choix des photographies
Lionel Mouraux

Conception graphique
Isabelle Chemin

© 1999 Éditions Parigramme / Compagnie parisienne du livre
59, rue Beaubourg
75003 Paris - France

CHATS,
C'EST PARIS…

De prime abord, on ne les voit pas. Paris n'est pas Venise, la ville aux mille chats efflanqués, ni même Rome. Fini aussi le tendre Paname des années d'après-guerre immortalisé par Doisneau, quand les petits Parigots en culottes courtes et leurs greffiers traînaient sur les trottoirs, au ras du bitume. Les voitures et les motos avec leurs gaz d'échappement, les rollers et les chiens, omniprésents dans la ville, ont fait fuir le minet de la concierge du 28 et du bougnat du coin de la rue. Les lieux tranquilles, les merveilleux terrains vagues, les friches industrielles, les talus de chemins de fer, les chantiers de démolition, les entrepôts, les ateliers, les hangars d'usines – lieux de prédilection des chats – se font rares. Disparus les ronciers, les coins à orties, les massifs de buddléias, les sureaux où se cachaient des nids de merles…

Pourtant, ils sont bien là les chats, plus nombreux que jamais, mais plus cachés, secrets. Pour apercevoir les "tigres de poche", comme les appelait Pierre Loti, il faut apprendre à les chercher, faire preuve de patience et d'un brin de sagacité et s'amuser à jouer une vraie partie de chat perché. Les plus grands photographes ne s'y sont pas trompés, à voir le plaisir qu'ils ont pris à les croquer, à les traquer dans leurs attitudes les plus intimes et leurs cachettes les plus discrètes. Les inconditionnels disent qu'il est difficile de rater une photo de chat : il est toujours beau, toujours élégant, jamais grotesque ou vulgaire.

Quand, photographe ou amoureux, on s'est enfin fait l'œil, on les remarque partout, les chats. Et l'on comprend que là où il se sent en harmonie, en osmose avec le paysage, le chat fait du mimétisme. Il est en symbiose parfaite avec la ville et son architecture.

La chasse aux chats se confond avec la visite du Vieux Paris : là où c'est beau, pittoresque ou chargé d'histoire, regardez, il y a un chat. C'est, on peut le dire, un vrai conférencier des monuments historiques, des chefs-d'œuvre en péril et des coins de nature préservés.

Au cœur du vieux cimetière d'Auteuil, il dort à pelotes fermées sur le toit d'une chapelle abandonnée, à peine visible dans sa fourrure mouchetée. "Qu'il repose en paix", dit l'inscription gravée sur le caveau. Il respecte la consigne. Au parc Montsouris, au milieu des iris aplatis d'une vasque, une chatte noire et blanche fait sa toilette, la patte arrière dressée vers le ciel, en jouant du violoncelle comme disait Montherlant. Square des Batignolles, un gros matou, aux oreilles poinçonnées comme les anciens tickets de métro – vestiges des bagarres des nuits de pleine lune –, somnole branché sur un lilas à trois mètres du sol. Dissimulé dans les feuilles, le costaud des Buttes-Chaumont récupère, au-dessus de deux amoureux qui s'embrassent sur un banc. Au Père-Lachaise, dans les venelles de Montmartre, les courettes du Marais, les hameaux de Passy ou les petits passages de Vaugirard, les matous roupillent à l'ombre des rhodos en fleurs, des mahonias et des aucubas.

Naguère, le chat était comme le titi des années trente : mal aimé, tenu pour quantité négligeable qui allait et venait, libre comme l'air, sans attaches. Un bout de mou, une soucoupe de lait, et hop, on ne s'en occupait plus. Mais aujourd'hui, le chat parisien vit moins dehors, fait peu la java la nuit, découche rarement. Il a regagné le domicile conjugal. Ses maîtres tiennent à lui, le choient, le dorlotent. On lui donne moins facilement la permission de minuit. Le voilà devenu plus casanier, plus pantouflard. Un vrai pépère embourgeoisé qui a droit à la visite médicale chez le véto, au régime sans sel et aux rappels de vaccinations. Il fait comme le chien de la fable de La Fontaine que refusait d'imiter le loup : il a troqué sa liberté contre un collier. Et quand on a sa gamelle pleine, sa litière propre et un balcon d'où regarder les pigeons et les moineaux, que demander de plus ?

"Dieu a inventé le chat pour que l'homme ait un tigre à caresser à la maison", a dit Victor Hugo. Ainsi, le chat des villes est devenu un compagnon idéal, le confident, le copain de tous les instants avec lequel on ne se dispute jamais et qui supporte vos crises et vos coups de cafard sans éclats de voix.

On l'oublie trop souvent, Paris la "ville-lumière", la bruyante, l'extravertie, la scandaleuse, est aussi la capitale des gens seuls volontairement ou non, célibataires ou "célibattants". Plus d'un habitant sur deux y vit en solo. Des femmes, dans l'immense majorité, célibataires, "fiancées", séparées, "entre deux", divorcées ou veuves, qui vivent dans le calme quand elles n'ont pas d'enfant à charge. Elles remplissent

leur vie de sorties entre copains, de bonnes bouffes, de cinéma, théâtre, expos et balades. Les soirées se passent souvent avec un plateau-télé ou un bon bouquin sur le sofa, un chat à leurs côtés. Je pense à Emmanuelle, jeune et jolie danseuse qui, lasse de la vie en duo, a choisi de vivre seule dans un mignon studio rue Saint-Georges, dans la Nouvelle Athènes (9ᵉ) – un quartier particulièrement prisé des solitaires aimant chats et bouts de jardin. Tapioca partage la vie de la plus heureuse des ex-petits rats de l'Opéra. Emmanuelle fait rire ses copines de travail avec les dernières aventures de son siamois mâtiné gouttière qui rend visite aux chats de ses voisines, prénommés Leaderprice, Extasy ou Postik, ces nouveaux noms de baptême très connotés fin de siècle qui succèdent aux Tibert de jadis et aux Minou, Minouche et autres Mimi des années soixante.

Il paraît que la grandeur d'une civilisation se mesure à son amour des animaux et en particulier des chats. Si c'est vrai, alors Paris est aujourd'hui une grande cité policée. Les minets n'ont pas trop à s'y plaindre de leurs conditions de vie, même s'ils gardent en mémoire bien des souvenirs de persécutions. Ces souvenirs expliqueraient peut-être l'atavique discrétion féline, si agaçante pour beaucoup de gens "à chien". "Ils sont incompris parce qu'ils dédaignent de s'expliquer", disait Paul Morand…

L'histoire des chats regorge d'événements tragiques. Dans le Paris médiéval, les temps n'ont pas toujours été roses pour eux. Pendant des siècles, gibets, piloris, fourches patibulaires ont fleuri aux Halles, à la croix du Trahoir, place de Grève ou à Montfaucon. D'ailleurs, une cité qui s'est complu à tout bout de rue aux émeutes, jacqueries, barricades, révolutions, toutes plus bruyantes les unes que les autres pour des oreilles félines, voilà qui n'encourage pas les rapports d'amitié, n'est-ce pas ? La vie était déjà atroce pour les pauvres, les femmes, les enfants et les bêtes de somme. Vous pensez alors pour un chat, surtout noir, symbole du mal et du diable !

Prenez Louis XI. Pour lui, le chat était signe de malheur et il encouragea leur massacre à de nombreuses reprises durant son règne. Lors des fêtes de la Saint-Jean d'été, on capturait dans les rues des dizaines d'innocents et utiles minets qu'on jetait dans une grande cage hissée ensuite en haut d'un mât place de Grève, sur un grand tas de bois sec. Sous les yeux extasiés de la foule, le roi mettait le feu au bûcher et les chats mouraient dans d'horribles souffrances. La coutume se poursuivra jusqu'au XVIIIᵉ siècle.

Il faudra attendre Louis XV, qui adorait les chats, pour arrêter le carnage. Le spectacle – soyons juste – révulsait depuis longtemps les âmes sensibles et les gens de cœur.

Inutile de dire que les disettes ont de tout temps transformé en ragoût de choix le plus soyeux des angoras. L'une des anecdotes qui déplaît le plus aux matous parisiens, c'est le fameux siège de la capitale en juin 1590. Le roi Henri IV encerclait la ville rebelle et la famine commençait à sévir. Les chefs des Ligueurs eurent l'idée saugrenue de faire ramasser tous les chats et chiens des pauvres. L'historien Genouillac raconte la suite dans son *Paris à travers les siècles* : "On les fit cuire dans de grandes chaudières avec des herbes et des racines et l'on distribua le bouillon à chacun des douze mille miséreux dont on avait fait le recensement." Précis, l'historien ajoute : "Chacun des affamés reçut un petit morceau de chair d'une once…"

On n'en finirait pas de rappeler ces mauvais souvenirs. Le dernier massacre en date remonte au Siège de Paris et à la Commune de 1870. Avant de manger les fameux rats dont nous régalent tous les livres d'histoire, on avait d'abord fait bien évidemment la chasse au moindre chat domestique. Et l'on cite le cas de quelques vieux habitants et de charmantes et sensibles demoiselles qui parvinrent – au péril de leur vie – à éviter à leur minet cette Saint-Barthélemy des chats. Plus près de nous, ce n'était pas une sinécure, sous l'Occupation, en période de rationnement, d'être chat des rues ou d'appartement. À la fin des hostilités, les survivants n'étaient pas nombreux… Mais jetons un voile pudique sur ces détails de l'Histoire et pardonnons aux Parisiens affamés de toutes les époques troublées.

Heureusement, l'amour des chats l'emporte toujours, à Paris, sur les atrocités. Ce n'est qu'à la fin du Moyen Âge que notre brave minet des toits de Paname a commencé à débarquer vraiment sur les bords de Seine. Il va très vite s'imposer dans les foyers, détrônant la jolie genette à la robe tachetée qu'on voit sur les tapisseries médiévales. À la Renaissance, le chat domestique est encore si rare et si précieux qu'on le voit inscrit dans les inventaires mobiliers lors des successions.

Écoutons Joachim du Bellay, au XVIᵉ siècle, en pleine guerre de religions. Les malheurs du temps ne l'empêchèrent pas d'éprouver une immense peine quand Belaud et son chat "couvert d'un poil gris argentin/ Ras et poli comme satin/ Couché par ondes sur l'échine/ Et blanc dessous comme une hermine", mourut. Et le poète de La Pléiade de poursuivre :

"À peu que le cœur ne me crève
Quand j'en parle ou que j'en écris
C'est Belaud mon petit chat gris
Belaud qui fut par aventure
Le plus bel œuvre que nature
Fit onc en matière de chat
C'est Belaud la mort aux rats,
Belaud dont la beauté fut telle
Qu'elle est digne d'être immortelle."

Pétrarque, Montaigne et Dante étaient eux aussi en ces temps lointains d'inconditionnels amis des chats. Richelieu, le terrible cardinal qui faisait condamner à mort les duellistes, laissait ses chatons jouer avec les lacets de ses souliers. Même l'intendant Colbert mériterait sa statue. Non par bonté d'âme, mais en parfait technocrate qu'il était, il comprit tout de suite le rôle utile que pouvaient jouer les modestes chats de gouttière dans la société, notamment à bord des navires infestés de souris et de rats. Imitant en cela les Anglais (toujours en avance en matière de protection des animaux), il avait rendu leur présence obligatoire sur les vaisseaux de Sa Majesté. Avec ordre aux capitaines de veiller personnellement à leur bonne santé…

Louis XV et sa cour, on l'a dit, adoraient les chats. Et c'est une chatte toute ordinaire qu'aima passionnément une jolie aristocrate, Madame de Lesdiguières, qui habitait vers l'Arsenal et la Bastille, à hauteur de la rue de la Cerisaie. Quand sa Ménine mourut, la duchesse, brisée par la douleur, fit élever un monument funèbre au milieu de son parc. Vous ne le verrez pas, l'élégant caveau et le parc ayant fait les frais du percement du boulevard Henri-IV au siècle dernier. Sur le péristyle était écrit :

"Cy-git une chatte jolie
Sa maîtresse qui n'aima rien
L'aima jusques à la folie :
Pourquoi le dire ? On le voit bien."

Alors, si vous passez du côté de la caserne des Célestins, ayez une petite pensée pour Ménine.

Le XIXᵉ est le siècle où l'humble chasseur de souris, qu'on laisse encore dans les campagnes dormir dans les granges et chercher seul sa pitance, est intronisé prince

de la ville. Les romantiques et les poètes phtisiques de l'époque élèvent les tigrés au rang de muses. Musset, Vigny, George Sand, Hugo, Mallarmé, Hérédia, Dumas, Balzac, Maupassant, Loti étaient "chat". Impossible de citer un auteur d'alors qui n'ait eu à Paris son ou ses chats. Et chacun de réciter les vers de Baudelaire :

"Ils prennent en songeant les nobles attitudes
Des grands sphinx allongés au fond des solitudes
Qui semblent s'endormir dans un rêve sans fin."

Quand on fréquente la Closerie des Lilas, Lipp, les Deux Magots, le Flore ou la Hune, on est "chat". Le Clézio, Nucéra, Darrieussecq, Tournier, Queffelec sont esclaves de leurs chats. Comme le furent avant eux Marcel Aymé, Montherlant, Cocteau, Céline avec son célèbre Bébert offert par son pote Le Vigan. Ils le jurent tous : sans chat sur les genoux, sur la table, le clavier ou l'ordinateur, ils ne pourraient écrire une ligne. Pas d'inspiration sans une Minouche ou une Shéhérazade. Le filou est autorisé à tout faire, même à se vautrer sur les feuilles de papier et les livres ouverts. Malraux disait qu'il écrivait "autour de son chat" affalé sur les feuillets. Francis Carco, qui était énorme comme son ami Béraud, travaillait les fesses effleurant à peine son fauteuil pour ne pas déranger sa minette qui faisait la sieste derrière lui.

Georges Brassens, cet autre grand ami des chats, avait choisi d'habiter une petite maison de la rue Santos-Dumont (15ᵉ) – après son séjour chez les matous de Jeanne impasse Florimont – pour "laisser ses chats libres de foutre le camp si la soupe n'est pas bonne". Théophile Gautier disait : "Les chats se plaisent dans le silence, l'ordre et la quiétude, et aucun endroit ne leur convient mieux que le cabinet du littérateur." Pierre Loti ira jusqu'à écrire la vie de deux chattes et les fera baptiser.

Féline entre toutes les femmes, Colette, dans les années cinquante, semait la panique dans les galeries du Palais-Royal quand une de ses chattes venait à disparaître. Son histoire est comme transposée dans l'adorable *Chacun cherche son chat* de Cédric Klapisch. Dans ce film, une jeune femme esseulée perd son chat. En quelques heures, du côté de la Roquette, de la Bastoche, à Ménilmuche, comme à Picpus ou à Passy, c'est un vrai réseau de bonnes volontés qui se met en branle dès la disparition annoncée. Radio-Pipelettes fonctionne à fond et Radio-Chats marche comme un vrai téléphone arabe. Entre deux courses au marché Richard-Lenoir, tout un réseau de

gardiennes d'immeubles, boulangères, mercières, libraires, éboueurs, balayeurs, gardiens de squares, vétérinaires du coin et dames nourricières des cimetières et des jardins publics est alerté et se met à ouvrir l'œil. Les affichettes fleurissent sur les murs et dans les vitrines. On signale, sur un toit ou sur un autre, la Trottinette rousse égarée ; on vous téléphone de tout l'arrondissement pour vous demander de ses nouvelles. De vieilles dames finissent même par vous proposer des chattes infirmes à la place, ou des chatons tout beaux, tout neufs. Finalement, après avoir retrouvé son chat, l'héroïne trouve l'amour… *happy end*.

Faute d'être pris en pension chez une concierge de rez-de-chaussée, la plupart des chats vivent en appartement. Cependant, quand ils le peuvent, beaucoup de maîtres et de maîtresses essayent de concilier la vie d'immeuble avec un semblant de liberté. D'où les systèmes D et d'incroyables combines. Comme celle de cette dame de la rue du Chemin-Vert qui descend tous les jours son chat au bout d'une ficelle, dans un panier, depuis sa fenêtre du troisième étage, pour le laisser jouer dans la petite cour fermée. Comme ce jeune couple qui a installé pour Mistigri un système de planches sur ses fenêtres, rue des Pyrénées, pour lui permettre de gagner le toit d'un entrepôt voisin. On trouve aussi souvent le vasistas ouvert à la lune et qui donne sur les toits alentour. L'idéal reste bien sûr d'habiter en rez-de-chaussée, avec à la disposition de sa majesté à pattes de velours une porte-fenêtre donnant sur un jardin ou une courette. Le *nec plus ultra* étant d'installer une chatière dans la porte avec un petit rabat-vent pour empêcher le froid de s'engouffrer l'hiver et qui permet d'entrer et de sortir à volonté.

Mais le fin du fin reste bien sûr le pavillon avec jardin privatif. N'allez pas croire que la chose soit rare. Les Parisiens de vieille souche, les amoureux du vieux Paris, les touristes curieux le savent : la capitale regorge de hameaux. Des dizaines de minuscules villages où il fait bon vivre dans le calme, le silence seulement rompu par le chant des oiseaux, à deux pas du bruit de la grande ville. Imaginez la vie de pacha(t) que mène un angora, un siamois, un gouttière dans ces édens préservés. Avec un brin de patience et un bon plan de Paris, chacun aura tôt fait de découvrir ces havres de verdure. Tout ce qui porte le nom de villas, passages, impasses ou allées mérite le détour. Quelques noms ? Promettez de ne pas les répéter, car les habitants de ces petits paradis et leurs chats redoutent de voir débarquer hordes de touristes, quémandeurs et autres importuns.

Mais pour vous, amis des chats respectueux de la tranquillité d'autrui, ils feront exception dans les voies privées de la rue de la Mouzaia (19e), par exemple. Villas Émile-Loubet, Bellevue ou Félix-Faure, il y a toujours, lorsqu'il fait soleil, un chat guettant votre passage sur le pas de sa porte ou sommeillant dans un pot de fleurs. Les alentours des Buttes-Chaumont voisines regorgent, eux aussi, de villas et de passages privés où, pour peu qu'on soit discret, on peut se promener en toute quiétude. Dans le 20e, il y a bien sûr les superbes chats du Père-Lachaise. De charmantes dames de l'association l'École du Chat s'occupent d'attraper, de faire opérer pour éviter la prolifération et de nourrir à la nuit tombante, quand touristes et visiteurs sont partis, des bandes entières de magnifiques greffiers. Rien de plus insolite que de voir sortir des caveaux, au crépuscule, d'étranges félins se pourléchant les babines à la manière des "profanateurs de tombes". Vues l'autre jour, une chatte endormie sur la tombe de Musset et deux autres au cimetière Montparnasse sur celle de Baudelaire. Au petit cimetière Saint-Vincent, à Montmartre, les chats adorent se planquer derrière le buis et le lierre de la tombe de Steinlen qui les a si bien dessinés.

Dans le 20e, porte de Bagnolet, une balade s'impose dans les jolies ruelles fleuries qui surplombent le boulevard Mortier. On se croirait à mille lieues de Paris et les chats le savent. Autour de la butte Montmartre, les cours, venelles et hameaux abondent. Même plaisir des yeux dans les ravissants hameaux des 5e, 6e, 7e et surtout 17e arrondissements (souvent, hélas, munis d'un digicode). Ah ! les charmes de la villa des Ternes ! On recommande dans le 14e, le long du parc Montsouris, les jolies villas ouvrant sur les rues Deutsch-de-la-Meurthe et Nansouty. À voir aussi, les minuscules ruelles au-dessus de l'avenue René-Coty derrière la Tombe-Issoire. Dans le 13e, on ne ratera pour rien au monde le détour par la cité Floréal, le long de la rue Brillat-Savarin, ni le dédale des passages de la Butte-aux-Cailles où les minets, épuisés de fatigue, roupillent dans de minuscules jardins. Au milieu des statues de la Cité fleurie du boulevard Arago, les matous sont plus heureux que les matons et les pensionnaires de la prison de la Santé voisine.

Du côté d'Auteuil et de Passy, les villages de poupées ne manquent pas non plus, avec des voies souvent si étroites que les voitures ne peuvent y pénétrer. De vrais paradis pour gouttières. Ils dorment à même le pavé ou sur le rebord des murs des jardinets et se laissent facilement caresser. Une petite balade s'impose ensuite du côté des

villas Michel-Ange ou Dietz-Monin. On aura cependant du mal à pénétrer dans les villas Montmorency, de la Réunion, ou dans le hameau Boileau, où le curieux n'est pas bienvenu et les chats pas grand public.

Dans son quartier, on peut avoir ses préférés, qu'on aperçoit dans les vitrines des cafés et des commerçants, comme cette jolie chatte blanche qui dort sur le flipper du couscous du bas de la rue de Belleville. En général, les bistrots – qu'ils soient auvergnats ou arabes – accueillent de bonne grâce la gent féline. Doisneau et Cartier-Bresson y ont fait des photos inoubliables. Ailleurs, il ne faut pas manquer le chat noir du grand dépôt-vente de la rue de Cîteaux dans le faubourg Saint-Antoine. Les gentils patrons y ont recueilli ce gouttière qui dort planqué dans la grande vitrine, toujours perché dans des trucs impossibles : hamacs, porte-bagages, anciennes banquettes de métro ou, comble de bonheur, dans un berceau…

Rue Chardon-Lagache (16e), le cabinet du vétérinaire vaut le détour. Au fond de la cour se trouve le refuge des chats heureux. Le sympathique véto ne se contente pas de faire des prix aux gens fauchés qui viennent faire soigner des bêtes trouvées dans la rue la veille, il a ses bonnes œuvres. Trois ou quatre tigrés accidentés, sauvés in extremis, vivent là entre plates-bandes et salle d'attente, sur les genoux des clients, taquinant les chats et chiens qui débarquent pour se faire soigner la patte ou l'oreille. Rien de tel que ces trois gros minous sans nom et sans complexe pour déstresser un animal malade. Mais le plus adorable des hôtes de ces lieux parisiens, c'est le matou tigré aux allures de lion qui passe ses journées à dormir aux puces de Clignancourt, rue Lécuyer, dans les rayons de l'immense Librairie de l'Avenue (ex-Veyrier). Ce fin lettré adore s'allonger entre les œuvres complètes de Colette, *Les Contes du chat perché* de Marcel Aymé et l'*Histoire d'une chatte anglaise* de Balzac.

Ainsi, les chats parisiens, loin des clichés sur les matous gros bras, sembleraient être devenus de gentils paresseux qui accueillent le soir, la queue dressée et le miaulement affectueux à fendre l'âme, leur maîtresse fatiguée rentrant du travail : "Tu m'a manqué, tu sais ; qu'as-tu fait toute la journée ? où étais-tu ? je meurs de faim… !" semblent-ils miauler. Et que je me frotte à la main qui me caresse, et que je me frotte dans les jambes et que je donne après dîner des coups de tête dans le bouquin pour

empêcher toute lecture, pour qu'on s'occupe de moi. Ces chats offrent du bonheur, de la paix, de la beauté et de l'élégance aux maisons les plus petites et les plus bruyantes et de jolies présences aux esseulés et aux contemplatifs.

Le poète Marcel Bréchet a rendu hommage au chat de gouttière, dans un poème homonyme. Nous lui laissons le soin de présenter les images qui suivent.

"C'est un chat de fortune
Pauvre chat de gouttière
M'ayant apprivoisé.

Il ne m'enseigne pas
Que de bonnes manières
Pour être un brave chat.

Il préfère la rue pour s'aiguiser les griffes
Il a pour compagnons de louches congénères
Miaulant des injures
Aux chats des beaux quartiers
Qui se battent entre eux
Dans le fond des poubelles
Et s'y blotissent quand
Les nuits sont trop cruelles.

Il m'emmène parfois au faîte d'un pignon
Pour avoir, me dit-il,
Le cœur près des étoiles,
Marauder sans espoir
L'autre côté de la lune
Être les rois d'un soir
Sur les toits de la ville…

Pauvre chat de gouttière
Chat de moindre fortune
Tu m'as donné la clé d'un monde sans lumière."

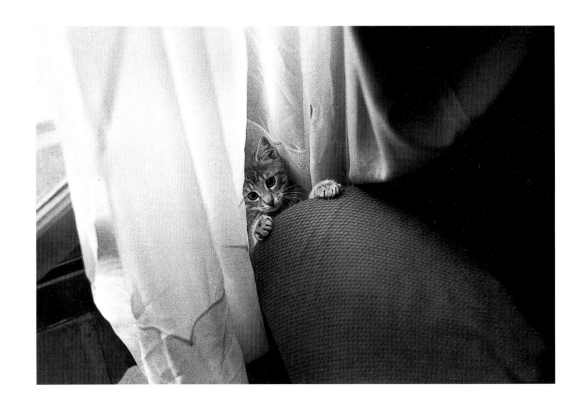

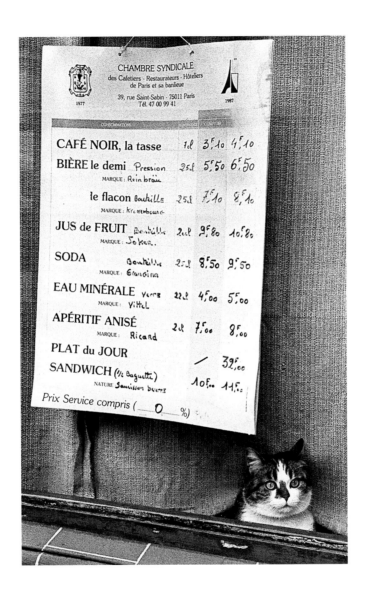

CRÉDIT PHOTOGRAPHIQUE

5
MARTINE FRANCK/MAGNUM PHOTOS
Métro Tuileries, 1ᵉʳ arrondissement

7 à 16
LIONEL MOURAUX

17
ÉDOUARD GOLBIN
Quartier du Marais (juillet 1985)

18
ÉDOUARD GOLBIN
Maison de Prosper Mérimée, 5ᵉ arrondissement (1981)

19
WILLY RONIS/RAPHO
La fenêtre (1954)

20
JACQUES LOÏC
Rue Ernest-Renan, 15ᵉ arrondissement (1978)

21
ANNICK GÉRARDIN

22
WILLY RONIS/RAPHO

23
IZIS
Jacques Prévert (1946)

24
JEAN-PHILIPPE CHARBONNIER/TOP
La fillette au chat (1958)

25
CLAUDE VÉNÉZIA
Boulevard Beaumarchais, 11ᵉ arrondissement (1975)

26-27
BRUNO MASO

28
LIONEL MOURAUX

Photogravure et impression Artegrafica Silva, en Italie

Achevé d'imprimer en septembre 1999

Dépôt légal : octobre 1999

ISBN : 2-84096-153-9